www.ingramcontent.com/pod-product-compliance
Lightning Source LLC
Chambersburg PA
CBHW030853180526
45163CB00004B/1563
9781503240995